LE LIVRE DES ENFANTS SAGES

A B C DE LA PETITE CENDRILLON

PINOT édit. à Épinal   Déposé

Je soussigné déclare avoir l'intention d'imprimer sous changement pour mon compte un ouvrage ayant pour titre : Le Livre des Enfants Sages, ABC de la petite Cendrillon, lequel je me propose de tirer à 10.000 Exemplaires en un volume de format in-8°, 16 pages d'impression et gravures.

Épinal, le 26 mars 1873

Ch. Pinot

DÉPÔT LÉGAL
VOSGES
27
1873

A B C D E F
G H I J K L M
N O P Q R S
T U V X Y Z

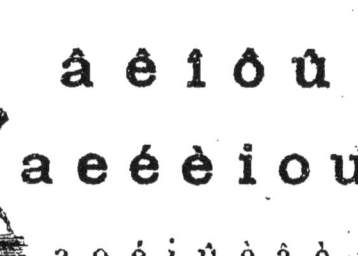

LA LOU TRE
MAN GE LES POIS SONS.

â ê î ô û

a e é è i o u

a o é i û è â è

AB IB OB AL AR UD UF OR
BA CA FA DO RO PA PE PI
VA VE VI JA ZA GO GU RU

ÉMILE

RE GAR DE BIEN

JE VAIS ATTRAPER

UN GROS POIS SON

Je le porterai à MAMAN

Qui nous le fe ra cui re

ET NOUS LE MAN GE RONS

BARBEAU 0 1 2 3 4 5 6 7 8 9

LA PETITE MARTHE

DONNE A SA PETITE

CA MA RA DE É MI LIE

UN JO LI BOU QUET

POUR SA MA MAN

LA MA MAN D'É MI LIE

SERA BIEN CON TENTE

IL NE FAUT JA MAIS DI RE DE MEN SON GES

La petite Cendrillon pleurait toujours, sa belle-mère et ses deux filles la maltraitaient continuellement et en faisaient leur servante.

Lorsque son ouvrage était fini, Cendrillon allait tristement s'asseoir au coin du feu dans les cendres; pour se moquer d'elle, ses sœurs l'appelaient Mlle Cucendron.

On l'appelait aussi Cendrillon, et, malgré ses méchants habits, elle était cent fois plus belle que ses sœurs qui étaient habillées magnifiquement.

Voilà que le fils du roi va donner un grand bal, ses sœu sont invitées, Cendrillon les coiffe et les habille. Maig sa bonté, ses méchantes sœurs se moquent d'elle par qu'elle n'ira pas au bal de la cour.

Restée seule, Cendrillon se met à pleurer; sa marraine qui était venue la voir, lui demande pourquoi elle se désolait ainsi; est-ce que tu veux aussi aller au bal?

Hélas, oui, ma marraine! eh bien, tu iras au bal, lui dit sa marraine, qui était une fée; elle donne un coup de sa baguette sur une citrouille qui aussitôt se trouve changée en un beau carrosse doré.

Ensuite, prenant la souricière, où il y avait six souris toutes en vie, elle les touche aussi avec sa baguette, et les voilà changées en six beaux chevaux gris-pommelé.

Il y avait aussi un gros rat dans la ratière, qui avait grandes moustaches. Oh oh, dit la marraine, quel be cocher cela nous fera, et d'un coup de baguette le vo changé en un gros cocher.

Puis ayant trouvé six lézards au jardin, elle en fit six laquais en habits chamarrés.

Enfin, ayant touché Cendrillon de sa baguette ses vieux habits furent changés en habits d'or et d'argent, chamarrés de pierreries, ensuite elle lui donna une paire de pantoufles en verre les plus jolies du monde.

Cendrillon arrive dans son beau carrosse à la porte du bal, le fils du roi accourt lui donner la main pour descendre et la conduit dans la salle de bal.

A son entrée au bal tout le monde fut émerveillé ; jamais on n'avait vu une aussi belle princesse, elle dans avec le fils du roi avec tant de grace, qu'on ne pouva cesser de l'admirer.

Elle alla s'asseoir près de ses sœurs, leur donna des oranges, des bonbons; ses sœurs, qui ne la reconnaissaient pas, étaient toutes fières de l'honneur qu'elle leur faisait.

La marraine de Cendrillon lui avait bien défendu de rester au bal après minuit, au premier coup de minuit, elle s'enfuit précipitamment du bal, et perdit en courant une de ses pantoufles.

Le fils du roi courut après Cendrillon, mais il ne put la rattraper, il ramassa la pantoufle de verre, et ne pouvait se lasser d'admirer sa petitesse.

Le fils du roi, désolé de ne pouvoir retrouver la belle princesse, fit publier à son de trompe qu'il épouserait celle qui pourrait chausser la petite pantoufle de verre.

On commença par l'essayer aux princesses, aux duchesses, puis en ville, puis enfin chez les sœurs de Cendrillon, qui eurent beau souffler, pousser, elles avaient toutes les pieds trop gros.

Le seigneur voulant plaisanter, fit aussi essayer la pantoufle à Cendrillon; mais chacun fut bien étonné de voir qu'elle lui allait parfaitement. M^{Des} ses sœurs enrageaient.

La marraine de Cendrillon arriva et la toucha de sa baguette, aussitôt elle redevint la princesse du bal. Ses sœurs se jetèrent à ses pieds pour obtenir le pardon de leur conduite, Cendrillon les releva en les embrassant.

Cendrillon épousa le fils du roi; elle était si bo qu'elle emmena ses sœurs à la cour et les maria à d grands seigneurs.

www.ingramcontent.com/pod-product-compliance
Lightning Source LLC
Chambersburg PA
CBHW060913050426
42453CB00010B/1696